Aprender a perder

Katie Peters

Consultoras de GRL,
Diane Craig y Monica Marx,
especialistas certificadas en lectoescritura

ediciones Lerner ◆ Mineápolis

Nota de una consultora de GRL

Este libro, que pertenece a la serie Pull Ahead, ha sido diseñado con dedicación para lectores principiantes. Un equipo de expertos en lectoescritura y lectura guiada ha revisado el libro y determinado su nivel para garantizar que quienes lo lean se superen y experimenten el éxito.

ediciones Lerner
Una división de Lerner Publishing Group, Inc.
241 First Avenue North
Mineápolis, MN 55401, EE. UU.

Si desea averiguar acerca de niveles de lectura y para obtener más información, favor consultar este título en www.lernerbooks.com.

Fuente del texto del cuerpo principal: Memphis Pro 24/39.
Fuente proporcionada por Linotype.

Las imágenes de este libro cuentan con el permiso de: © FatCamera/Getty Images, pp. 3, 4–5; © Jacobs Stock Photography/Getty Images, pp. 6–7; © kali9/Getty Images, pp. 14–15, 16 (centro); © LuckyBusiness/Getty Images, pp. 10–11, 16 (derecha); © miodrag ignjatovic/Getty Images, pp. 8–9, 16 (izquierda); © RichVintage/Getty Images, pp. 12–13. Portada: © SDI Productions/Getty Images.

Library of Congress Cataloging-in-Publication Data

Names: Peters, Katie, author.
Title: Aprender a perder / Katie Peters.
Other titles: Losing well. Spanish
Description: Minneapolis : Lerner Publications, [2023] | Series: Espíritu deportivo (Be a good sport) (Pull ahead readers people smarts en español - Nonfiction) | Includes index. | Audience: Ages 4–7 | Audience: Grades K–1 | Summary: "It's tough to lose, no matter what game you are playing. But that doesn't mean you can't practice being a good sport. This Spanish book pairs with the fiction title Jordan dice "buen trabajo""— Provided by publisher.
Identifiers: LCCN 2021051399 (print) | LCCN 2021051400 (ebook) | ISBN 9781728458892 (library binding) | ISBN 9781728462813 (paperback) | ISBN 9781728460925 (ebook)
Subjects: LCSH: Sportsmanship—Juvenile literature.
Classification: LCC GV706.3 .P458 2023 (print) | LCC GV706.3 (ebook) | DDC 175—dc23

LC record available at https://lccn.loc.gov/2021051399
LC ebook record available at https://lccn.loc.gov/2021051400

Fabricado en los Estados Unidos de América
1-50923-50229-10/27/2021

Contenido

Aprender a perder

Nuestro equipo perdió
el partido de fútbol.

Nuestro equipo perdió
el partido de softbol.

Nuestro equipo perdió
el partido de baloncesto.

Nuestro equipo perdió
el partido de hockey.

Nuestro equipo perdió el partido de fútbol americano.

Igualmente diremos:

"¡Buen juego!"

¿Cómo muestras que tienes espíritu deportivo cuando pierdes?

¿Lo viste?

apretón de manos

baloncesto

palo de hockey

Índice